Henri Lorin

L'Évolution de la doctrine de Monroe

Essai

Le code de la propriété intellectuelle du 1er juillet 1992 interdit en effet expressément la photocopie à usage collectif sans autorisation des ayants droit. Or, cette pratique s'est généralisée dans les établissements d'enseignement supérieur, provoquant une baisse brutale des achats de livres et de revues, au point que la possibilité même pour les auteurs de créer des œuvres nouvelles et de les faire éditer correctement est aujourd'hui menacée. En application de la loi du 11 mars 1957, il est interdit de reproduire intégralement ou partiellement le présent ouvrage, sur quelque support que ce soir, sans autorisation de l'Éditeur ou du Centre Français d'Exploitation du Droit de Copie , 20, rue Grands Augustins, 75006 Paris.

ISBN : 978-1977855725

10 9 8 7 6 5 4 3 2 1

Henri Lorin

L'Évolution de la doctrine de Monroe

Essai

Table de Matières

L'Évolution de la doctrine de Monroe

L'année 1823 marque, en Europe, l'apogée du système diplomatique de la Sainte-Alliance ; au lendemain du Congrès de Vérone, une expédition française en Espagne avait été décidée pour rétablir l'autorité absolue, menacée par une insurrection, du roi Ferdinand VII ; les troupes du Duc d'Angoulême, traversant la péninsule, entraient à Madrid le 24 mai et, le 31 août, s'emparaient du fort du Trocadéro, qui commande Cadix ; Ferdinand VII, échappant aux Cortès, rejoignit le Duc d'Angoulême, et les assemblées constitutionnelles étaient aussitôt dissoutes. Ainsi la Restauration, en Espagne, était un fait accompli ; Ferdinand VII eût voulu l'étendre jusqu'aux colonies d'Amérique, encore incomplètement émancipées ; les chefs militaires français auraient volontiers secondé ce désir, afin d'ouvrir un dérivatif au fanatisme surexcité des absolutistes intransigeants ; mais les soucis de la politique intérieure accaparèrent bientôt Ferdinand VII, et d'ailleurs des oppositions du dehors ne lui auraient pas permis de reprendre, au-delà de l'Atlantique, la guerre contre les créoles.

Succédant aux tories et à lord Castlereagh, qui s'était suicidé la veille du jour où il devait partir pour le Congrès de Vérone, Canning, ministre libéral des Affaires étrangères, se hâta de proclamer, au nom de l'Angleterre, le principe de non-intervention, directement antagoniste des théories de la Sainte-Alliance ; il visait ainsi l'Autriche, qui venait d'étouffer les émeutes de Naples et de Turin, la France de Louis XVIII et l'Espagne de Ferdinand VII, associées pour le rétablissement de l'ancien régime à Madrid. Il fit plus : les anciennes colonies espagnoles d'Amérique, transformées successivement depuis 1810 en républiques autonomes, étaient devenues du même coup des clientes commerciales de l'Angleterre, alors seule Puissance outillée pour les transactions d'outre-mer ; en les garantissant contre un retour possible de la souveraineté métropolitaine, on servirait à la fois la cause générale de la liberté politique et celle d'une liberté économique dont l'Angleterre serait, en fait, la principale bénéficiaire. Homme de réalisation, que combattirent les conservateurs aveuglés et les doctrinaires d'extrême gauche, travailleur acharné que ses concitoyens apprécièrent surtout lorsqu'il fut mort à la peine (1827), Canning ne séparait pas la fortune

Henri Lorin

particulière de l'Angleterre et celle des institutions libérales.

Pour prévenir une restauration en Amérique, il écrivit pendant l'expédition du Duc d'Angoulême à son ambassadeur auprès des États-Unis, Rush ; il lui représentait que les anciens sujets du roi d'Espagne avaient bien gagné le droit de rester maîtres de leurs destinées ; il convenait donc d'empêcher toute démarche européenne qui aurait pu compromettre leur jeune indépendance ; Rush communiqua cette lettre au Gouvernement des États-Unis, alors présidé par le colonel James Monroe ; celui-ci, dont les idées personnelles se rencontraient exactement avec celles de Canning, en prit acte sans plus tarder et s'en inspira en plusieurs paragraphes de son message du 2 décembre 1823. Il est notable que, pour en venir aux affirmations qui constituent sa célèbre « doctrine, » le président Monroe part de considérations européennes : « Le système politique des Puissances associées, dit-il en parlant de la Sainte-Alliance, est essentiellement différent du système politique américain. » Et il continue : « Nous considérerions comme dangereux pour notre paix et notre sécurité toute tentative de ces Puissances pour étendre leur système à une portion quelconque de cet hémisphère. » Si des interventions se sont produites en Espagne, les États-Unis n'ont rien à y voir ; en revanche, ils regarderaient comme un acte criminel toute démonstration tendant à rétablir un contrôle sur les gouvernements américains « qui ont déclaré leur autonomie, l'ont maintenue pour de hautes et justes raisons, et ont obtenu la reconnaissance des États-Unis. »

Ces déclarations sont extrêmement nettes ; elles développent la formule abrégée par laquelle on les résume d'ordinaire : « L'Amérique aux Américains. » Elles ont été publiées dans des circonstances particulières dont il ne faut pas les séparer et dans des conditions qu'il importe aussi de retenir : elles sont inscrites dans un message aux Chambres et gardent un caractère unilatéral ; elles n'ont pas fait l'objet d'une discussion parlementaire, à plus forte raison n'ont pas été consacrées par un vote ; elles ne sauraient donc prendre rang d'office parmi les textes juridiques du droit public. Mais elles sont caractéristiques d'un état d'esprit que l'on doit, dès les débuts de l'histoire des États-Unis, apprécier comme national ; peu importe que l'inspiration du moment ait été anglaise ; les conceptions internationales qu'elles traduisent sont proprement yankees. Déjà Washington, lorsqu'il rentra dans la vie privée, adressait à ses concitoyens des conseils d'isolement américain, dans sa *Farewelt address* : « Gardez-vous de toute immixtion dans la politique européenne ; repoussez toutes propositions d'alliance ou d'accord avec les pays du vieux continent. » Un peu plus tard, les États-Unis s'étant maladroitement engagés dans une courte guerre avec l'Angleterre à propos du droit de visite en mer, le président Madison et le Congrès célébrèrent la paix, signée à Gand (1814), par des démonstration » en apparence disproportionnées, au lendemain de plusieurs échecs militaires : ils entendaient que leur pays vécût à l'écart de l'Europe.

Monroe continuait ce qui était une tradition de la politique des États-Unis ; sa doctrine se ramène à deux principes : l'Amérique n'a pas à s'inquiéter de ce qui se passe hors de son propre territoire ; elle doit interdire à quiconque de faire désormais, sur ce territoire, acte de colonisation. Mais la personnalité même du Président de 1823 ajoute à la valeur de ses déclarations un coefficient non négligeable : James Monroe était un vétéran de la guerre de l'Indépendance ; deux fois gouverneur de la Virginie, il était entré ensuite dans le ministère fédéral, aux Affaires étrangères, puis à la Guerre ; il avait été ambassadeur en France, d'abord pendant la période républicaine, puis sous Napoléon Ier ; il avait été chargé d'une mission diplomatique en Espagne, en 1805 : c'est lui qui, en 1824, au terme de sa deuxième présidence, reçut La Fayette, celui de tous les Français dont le nom est resté le plus populaire aux États-Unis ; le compagnon d'armes de Washington, parcourant le pays aux côtés du Président, fut accueilli partout par des ovations enthousiastes ; Monroe tenait beaucoup à ces manifestations, car il ne perdit jamais une occasion d'exalter l'orgueil national de ses compatriotes.

Lui-même, on ne le dit pas assez, fut un « impérialiste » pratiquant. Il avait proposé au roi d'Espagne Charles IV, en 1805, de lui acheter la Floride, afin d'arrondir le territoire récemment réuni de la Louisiane, que Bonaparte avait vendue aux États-Unis en 1803. Ces pourparlers n'avaient pas alors abouti, mais Monroe avait pu se rendre compte de la médiocrité de Charles IV et de son entourage ; l'émancipation des colonies d'Amérique ne dut guère le surprendre ; dès 1812, il traçait sur une carte les limites qu'il souhaitait pour les États-Unis agrandis, jusqu'au Pacifique, jusqu'aux

Henri Lorin

golfes de Californie et du Mexique. En 1820, arrivé à la présidence, il reprenait ses anciens projets sur la Floride et, cette fois, obtenait gain de cause, de la lassitude indifférente du roi Ferdinand VII. Puis, ému d'un oukase du Tsar, daté de 1821, qui attribuait à la Russie, sous le nom d'Alaska, tout le Nord-Ouest du continent américain à partir de 51 degrés de latitude, il négocia le traité de 1825, qui régla, plus libéralement pour l'Amérique, ce litige de frontière… Un programme rédigé par un tel homme ne conseillait donc certes pas seulement l'abstention.

Les Latins d'Amérique attribuent à la doctrine de Monroe le mérite d'avoir assidûment écarté l'Europe de leurs territoires ; ce ne fut pas un mince service, si l'on pense que ces vastes régions sont encore à peine peuplées, au début du XXe siècle, et que leur richesse, à peine soupçonnée, aurait pu tenter les Puissances dernières venues au partage des contrées neuves. En 1864-1866, l'Espagne eut l'idée de se rétablir au Pérou et l'on sait comment une des « grandes pensées du règne » de Napoléon III fut la création au Mexique d'un empire, européen et catholique, pour le malheureux archiduc Maximilien : l'attitude des États-Unis empêcha l'Espagne, puis la France, de s'obstiner dans leurs desseins. De même, si l'Argentine et, en une moindre mesure, le Chili, ont pu annexer à leur heure, sans y rencontrer aucune colonie officielle, les archipels et les plateaux de la Patagonie, c'est qu'aucune nation européenne n'avait jugé opportun de se risquer sur cette carrière consignée par la doctrine de Monroe. Celle-ci fut donc incontestablement une assurance de l'intégrité du continent américain contre des empiétements possibles de l'Europe ; en ce sens, elle est demeurée fidèle à son principe.

Mais n'a-t-elle pas abrité aussi, de la part des États-Unis eux-mêmes, des actes de colonisation, en territoire censé garanti contre toute emprise de l'étranger ? L'occupation du Texas et de la Californie fut préparée par une invasion pacifique de ces provinces, dont le gouvernement central du Mexique se désintéressait ; des pionniers yankees avaient commencé par s'y fixer ; puis, ils se déclarèrent lésés par les autorités mexicaines et proclamèrent une république indépendante. A ce moment précis, le général Frémont se trouvait au voisinage de la frontière, présidant à de « grandes manœuvres ; » il n'eut qu'une étape à franchir pour délivrer ses compatriotes opprimés ; bientôt après, la Californie, cessant son existence autonome, devenait un État de la grande Union. Il est vrai que le Mexique n'avait pas su administrer ces régions ; des politiciens, maladroits et mal informés, avaient frappé les missionnaires des Indiens, croyant atteindre des « suppôts de l'Inquisition, » et l'anarchie avait succédé à l'ordre laborieux de belles communautés chrétiennes ; mais il n'est pas moins notoire que ces imprudences n'attirèrent pas l'attention des États-Unis, jusqu'au jour où il parut probable que la Californie est un pays de mines d'or : les prospecteurs passèrent les premiers, le drapeau étoilé ne tarda pas à les suivre (1845-1848).

Une autre raison avait déterminé l'action du Président, alors James Knox Polk ; au milieu d'incertitudes et de discordes civiles, meurtrières aux intérêts des résidents étrangers, un notable Mexicain, Paredes, avait pensé à chercher des concours en Europe ; il songeait à fonder une monarchie mexicaine pour l'un des fils de Louis-Philippe, le Duc de Montpensier, qui venait d'épouser une princesse espagnole.

Ce projet n'eut aucune suite, mais il excita la méfiance des États-Unis, qui saisirent ce moment pour proposer au Mexique l'achat du Texas ; écartés par un refus, ils dirigèrent la démonstration armée que nous venons de dire, contre cette province trop lointaine pour subir l'action des autorités de Mexico. Ils ne s'en tinrent pas là : l'escadre de l'amiral Scott vint bloquer Vera Cruz, quelques soldats y débarquèrent, puis toute une armée ; une marche sur Mexico fut ensuite ordonnée ; elle fut extrêmement dure aux envahisseurs, en raison du climat et de la difficulté des ravitaillements ; mais les Mexicains ne surent pas faire l'union pour arrêter les troupes de Scott ; le traité signé en mai 1848 laissa aux États-Unis tout le Mexique septentrional, Nouveau-Mexique, Nevada, Arizona, Californie ; une compensation en argent de 75 millions de francs donna l'excuse d'un marché libre à cette cession obtenue par la force.

Réclamée surtout par les sudistes, qui espéraient ainsi raffermir leur politique esclavagiste, cette annexion de pays chauds (nous ne parlons pas ici de la Californie) n'a pas apporté immédiatement aux États-Unis un supplément de puissance. Mais elle a déchaîné sur le Mexique une nouvelle période de troubles : l'opinion chargea les fédéralistes de la responsabilité des mutilations nationales, la capitale tomba aux mains du dictateur Santa-Ana, tandis que les opposants, aidés d'aventuriers français et yankees, fondaient une sorte de république libre dans la province nord-occidentale de Sonora ; paralysé par les factions hostiles, suspect aux États-Unis parce qu'il voulait encourager une immigration européenne d'hommes, et de capitaux, Santa Ana finit par abdiquer (1855) et les fédéralistes, vainqueurs avec Juarez, se donnèrent une constitution copiée sur celle de l'Union du Nord (1857). Patriote, réformateur, mais anti-européen, Juarez attira l'intervention concentrée de l'Espagne, de l'Angleterre et de la France. Celle-ci seule s'entêta, tandis que les deux premières se retiraient, après avoir obtenu pour leurs nationaux lésés quelques satisfactions, Pendant ce délai, les États-Unis achèvent leur guerre de Sécession, et n'hésitent pas, dès lors, à presser la retraite des Français ; la guérilla des « libéraux, » à partir des frontières du Nord, était ravitaillée par eux en munitions et en argent ; la victoire de Juarez et son élévation à la présidence (déc. 1867) apparaissent ainsi comme un succès américain de la doctrine de Monroe.

Peu d'années auparavant, des flibustiers yankees commandés par Walker avaient envahi le Nicaragua et proclamé, malgré les habitants, un gouvernement à eux ; leur objet était de s'assurer la route interocéanique de la rivière San Juan et des lacs nicaraguéens, tracé depuis longtemps proposé pour la construction d'un canal isthmique : par l'histoire récente de Panama, on peut imaginer sans témérité que ces enfants perdus n'étaient qu'une avant-garde du gouvernement de Washington ; mais ils ne réussirent pas ; les citoyens de Guatemala, Nicaragua et surtout Costa Rica, oubliant un instant leurs discordes, se concertèrent ; Walker fut traqué, finalement pris et fusillé (sept. 1860) ; un monument, dû au ciseau du sculpteur français Carrier-Belleuse, est élevé aux héros de cette guerre d'émancipation à Cartago, l'une des capitales de Costa-Rica. Aussi bien, est-ce le seul témoignage de sympathie qui soit venu d'Europe à l'adresse de ces défenseurs des libertés centre-américaines. Jamais aucune Puissance occidentale n'a exprimé sa surprise de voir la doctrine de Monroe largement interprétée par les États-Unis : la France, mal engagée au Mexique, n'a même pas discuté les observations par lesquelles le Cabinet de Washington l'invitait à battre en retraite ; les Anglais s'étaient montrés fort accommodants, lorsqu'en 1814 fut tracée la frontière orientale du Canada : ils laissèrent les États-Unis pénétrer entre les provinces maritimes et celles du Saint-Laurent par l'arrière Maine ; après la guerre de Sécession, ils acceptèrent le règlement arbitral réclamé par Washington, qui leur imposait une lourde indemnité pour complicité avec des corsaires du parti sudiste ou confédéré.

Les Yankees sont donc, par une sorte de consentement de l'Europe, fondés à regarder toute l'Amérique comme un territoire à eux réservé ; la première revendication de Monroe passe ainsi à l'état de principe de droit international, mais seulement par un aveu tacite, et faute d'oppositions déclarées. Ceci n'a pas empêché les États-Unis de porter leur activité hors d'Amérique, malgré les conseils du fondateur de la Confédération, et ceux de Monroe lui-même. En 1848, le président Taylor envoyait un agent aux Hongrois révoltés contre l'Autriche ; un de ses successeurs s'intéressa de même aux insurgés de l'île de Crète. En 1853, le commodore américain Perry prit l'initiative d'obliger le Japon à s'ouvrir au commerce étranger ; à peine la Californie entrait-elle dans la voie de son essor contemporain, et déjà les États-Unis préparaient leur progrès économique dans le monde du Pacifique. La convention de 1867, par laquelle ils achètent l'Alaska aux Russes, confirme leurs intentions d'éloigner l'Europe de l'Amérique, et tout ensemble de consolider leurs positions autour du Grand Océan. Ils prennent rang délibérément parmi les Puissances colonisatrices lorsque, à l'extrême fin du XIXe siècle, ils s'emparent de l'archipel des Hawaï, puis partagent avec l'Allemagne et l'Angleterre celui des Samoa.

Cette croissance, plus exactement impérialiste que monroïste, va maintenant les mettre aux prises avec une nation européenne ; l'Espagne n'avait pas profité des leçons données par ses anciennes colonies ; le régime économique rétabli à Cuba était insupportable aux créoles, écartés de l'administration, rançonnés par des fonctionnaires, obligés de faire venir de la métropole toutes leurs provisions. Les États-Unis avivaient ce mécontentement en fermant leur marché au sucre cubain, de sorte qu'une entente avec eux fut bientôt dans les vœux de tous les planteurs : une insurrection éclate contre l'Espagne, en 1868 ; elle dure pendant dix ans et laisse l'île ruinée ; ensuite, les promesses, par lesquelles Martinez Campos avait fini par rallier les rebelles, ne sont pas tenues ; des droits prohibitifs sont de nouveau décrétés sur les articles usuels ne venant pas d'Espagne ; un projet de traité de commerce spécial entre les Antilles espagnoles et les États-Unis n'est pas accepté par le Parlement de Madrid (1884). Peut-être ensuite quelques concessions économiques eussent-elles prévenu la séparation ; mais l'Espagne, qui traversait alors les épreuves de la Régence, n'était guère en situation d'introduire aux colonies les réformes nécessaires.

Dès 1895, les émeutes recommencent à Cuba ; les États-Unis, fidèles à leur tactique ordinaire, se présentent en champions des libertés créoles, opprimées par la métropole ; ils pourvoient de munitions et de vivres, par une contrebande assidue, les Cubains révoltés, et font la guerre ainsi d'abord par procuration, avant de la déclarer formellement. En face de l'Espagne, ils ont la supériorité navale, car leurs bâtiments sont plus modernes, leurs équipages mieux entraînés, leurs ravitaillerions plus faciles ; la vaillance incontestable des marins espagnols, l'habileté stratégique de plusieurs de leurs chefs ne peuvent que retarder l'inévitable défaite. Les États-Unis ne souffrent pas, alors, de ne point posséder d'armée de terre ; celle des insurgés cubains leur en tient lieu. Le traité de Paris (10 décembre 1898) consacre le succès américain : il spécifie que l'Espagne abandonne Cuba, — formule lénitive qui ménage l'amour-propre des vaincus, — et cède aux États-Unis Porto-Rico, ainsi que les Philippines. A Porto-Rico, le nombre des blancs est proportionnellement plus élevé qu'à Cuba ; le gouvernement de Washington estime qu'en annexant ce territoire à l'Union, il ne risque pas d'accroître les difficultés de la question nègre. Cuba, dont les conditions ne sont pas les mêmes, sera une République contrôlée, mais en principe autonome.

L'éviction de l'Espagne, par un acte de force, est certainement contradictoire avec la pure doctrine de Monroe, car celle-ci comportait le respect des situations acquises en 1823. Mais, depuis lors, les États-Unis ont grandi ; ils ont lié l'Atlantique au Pacifique par un chemin de fer transcontinental, dès 1862 ; leur première Exposition universelle, commémorative du Centenaire de l'Indépendance, se tenait à Philadelphie, au cœur de l'ancienne Amérique anglaise, en 1876 ; la seconde est celle de Chicago, en 1893 : elle s'intitule Colombienne, comme pour revendiquer en faveur des Yankees l'héritage du découvreur de l'Amérique. Jadis importateurs de capitaux et de produits fabriqués, voici maintenant les États-Unis exportateurs et créanciers ; ils cherchent des débouchés pour leurs usines et s'avisent que l'expansion extérieure n'est permise qu'aux peuples assez forts pour la protéger. Le futur président Roosevelt gagna sa popularité comme colonel des *rough riders* de Cuba : ce nouveau protectorat assura aux escadres du golfe du Mexique une station de charbon ; une autre est organisée dans l'île de la Calebra, dépendance de Porto-Rico ; c'est encore une position de stratégie que l'îlot Guam, en plein Pacifique, spécifié nord-américain par le traité de Paris. Mais qui ne voit que ces progrès vont alarmer des concurrences, au fur et à mesure qu'ils mettront les États-Unis en contact avec des peuples plus résistants ?

Une première fois, en 1900-1902, l'impérialisme yankee aperçoit en face de lui l'impérialisme allemand ; touchée par la révolution vénézolane de 1899, l'Allemagne eût volontiers battu monnaie de ses légitimes griefs contre le président Castro : un de ses croiseurs vint dresser la carte hydrographique de l'Ile Margarita, qui est possession du Venezuela, non loin des Petites-Antilles hollandaises. Maison veillait à Washington ; il suffit de quelques expressions d'inquiétude pour qu'aussitôt Guillaume II déclarât qu'il ne méditait aucune annexion territoriale en Amérique, et envoyât le prince Henri témoigner ses sympathies aux États-Unis. Ceux-ci, satisfaits de ce premier succès, s'emploient à renouer les relations diplomatiques rompues entre le Venezuela et la France ; ils veulent écarter de ces rivages toute démarche trop pressante d'une Puissance européenne quelconque ; grâce à leur intermédiaire officieux, et en échange de l'octroi de notre tarif minimum aux cafés vénézolans, une garantie de 13 pour 100 des douanes est affectée, par priorité, au règlement des créances françaises, telles qu'un arbitrage prévu les aura définies. Pour faire respecter l'intégrité politique d'une république sud-américaine, les États-Unis s'arrogent ainsi délibérément une mission d' « honnêtes courtiers. »

Mais des complications vénézolanes renaissent : Guillaume II, qui s'était fort bien passé de l'amitié anglaise tant que dura la guerre du Transvaal, vient visiter son oncle Edouard VII, dès que la paix est faite. Peu de semaines après, une flotte anglo-allemande,

Henri Lorin

bientôt rejointe par des croiseurs italiens, vient présenter au Venezuela une note de réclamations conjointes, et lancer quelques obus sur Puerto-Cabello. L'amiral américain Dewey s'empresse de concentrer son escadre des Antilles et, certainement, on s'inquiète à Washington plus qu'à Caracas de la démarche belliqueuse des trois Puissances d'Europe. Celles-ci seraient disposées à s'en remettre à un arbitrage de Washington ; très habilement, le président Roosevelt se décharge sur le tribunal de La Haye des épineuses fonctions d'arbitre ; il ne veut pas s'exposer à prononcer un jugement qui consacrerait, vis-à-vis de l'Europe, une diminution d'une république américaine... Mais d'ores et déjà, le résultat souhaité est atteint, l'action directe de l'Europe est paralysée. Peu importe, désormais, que l'Allemagne, impatientée, fasse bombarder Maracaibo par la *Panther*, alors que les négociations sont ouvertes ; les États-Unis sont assurés d'une transaction qui n'engagera que les finances du Venezuela ; c'est ainsi, en effet, que sont rédigés les protocoles de février 1903, affectant un tant pour cent des douanes à la garantie des réclamations anglo-italo-allemandes. Un renfort inattendu était venu, pendant ces litiges, à la doctrine de Monroe : l'éminent juriste argentin Luis-Maria Drago avait exprimé l'avis que le recours à la force était inadmissible, de la part d'une Puissance européenne, pour contraindre une autre Puissance, visiblement plus faible, à exécuter ses obligations financières vis-à-vis de ses créanciers. Ainsi était condamnée, au nom d'une extension de la doctrine de Monroe, l'intervention des Anglais, Allemands et Italiens contre le Venezuela. Qu'il y ait quelque chose d'attristant pour l'humanité, dans le spectacle d'une flotte de cuirassés bloquant, voire bombardant des ports inoffensifs, menaçant des propriétés et même des vies pour obtenir le paiement d'intérêts en retard, personne ne le contestera ; mais des pratiques de coercition sont courantes dans le droit privé et l'on peut se demander comment y suppléer sans employer la force dans le cas de débiteurs auxquels leurs engagements internationaux pèsent aussi peu qu'au président Castro. De plus, cette interdiction nouvelle, opposée à l'Europe, fait une obligation symétrique aux Etats américains, soit de réformer eux-mêmes leurs finances, s'ils ne veulent pas se couper tout crédit, soit d'accepter la tutelle fiscale de conseillers étrangers, — c'est-à-dire, en l'espèce, de Yankees. Cette conséquence de la « doctrine de Drago » nous paraît inéluctable ; et nous saisissons ici la transition d'une diplomatie américaine purement monroïste à celle qui méritera si justement le nom de « diplomatie du dollar. »

En attendant de faire les premières applications de cette nouvelle formule, les États-Unis ont repris leurs procédés mexicains et cubains pour s'emparer de la zone du canal de Panama. Qu'une voie de communication moderne à travers l'isthme, canal ou chemin de fer, pût être établie hors de leur contrôle, c'est ce qu'ils n'ont jamais admis. En 1836, le roi Guillaume de Hollande, qui avait une remarquable vocation d'homme d'affaires, abandonna l'idée d'un canal de Nicaragua, pour ne pas porter ombrage à la patrie de Monroe. En 1850-55, ce sont des Nord-Américains qui construisent le chemin de fer de Colon à Panama. En 1850, les États-Unis, craignant un établissement des Anglais sur la côte du Honduras, en un point où pourrait déboucher un canal isthmique, ont signé avec l'Angleterre le traité Clayton-Bulwer qui place toute future coupure interocéanique sous la commune protection des deux contractants. S'ils laissent, ensuite, la France s'accorder avec la Colombie, racheter le chemin de fer de Panama, et commencer des travaux de percement, c'est qu'ils estiment tous ces efforts voués à l'échec ; leurs spécialistes ont conclu, en effet, au tracé par Nicaragua ; les déboires de la Compagnie de Ferdinand de Lesseps semblent d'abord leur donner raison. Mais des études plus précises démontrent la supériorité du tracé français ; bientôt, le traité Hay-Pauncefote, substitué au traité Clayton-Bulwer, assure le désintéressement de l'Angleterre ; des négociations sont poursuivies pour le rachat des droits français et, comme la Colombie hésite à entrer dans la combinaison, une opportune sécession crée la République de Panama, dont le premier soin est d'accéder à toutes les demandes des Yankees (1900-1904).

Pendant deux ans, on discute sur les plans définitifs du canal ; les travaux reçoivent enfin l'impulsion décisive en 1907, lorsque les chantiers sont militarisés sous l'admirable direction du colonel Gœthals et du médecin en chef Gorgas ; ils n'ont pas été interrompus depuis et, dès le milieu de 1914, des navires passaient d'une mer à l'autre. D'après leurs conventions avec la République de Panama, les États-Unis ont le domaine utile du canal et d'une bande de cinq milles de part et d'autre, mais les villes de Colon

Henri Lorin

et Panama sont exclues de ce territoire ; les maîtres du canal ont seulement le droit d'y prescrire les améliorations sanitaires qu'ils jugent opportunes ; il leur est loisible de fortifier le canal et ses approches. On voit, par cette dernière clause, quelle importance militaire les États-Unis attachent au nouveau passage isthmique ; il permet à leur flotte de guerre de se multiplier par sa mobilité, entre l'Atlantique et le Pacifique. La possession du canal les a rendus plus exigeants dans leur politique centre-américaine, car il est capital pour eux que les routes d'approche en soient toujours libres ; les voies maritimes d'accès seront jalonnées de stations navales, sur l'un et l'autre Océan ; la voie terrestre, qui traverse le Mexique et les républiques isthmiques ne sera pas moins surveillée. Et voilà le théâtre sur lequel, agrandissement de la doctrine de Monroe, va maintenant s'exercer la diplomatie du dollar.

Ce nom serait, dit-on, d'origine allemande ; il dit très expressivement quel va être désormais le rôle de la finance dans la politique des États-Unis. La doctrine de Drago n'édicte, contre l'action armée des créanciers, qu'une défense morale, une décision de congrès dépourvue de sanction effective. Le président Roosevelt, à propos des finances avariées de Saint-Domingue, va formuler, en 1905, une théorie complémentaire. Cette République insulaire, troublée par des révolutions intérieures et par une intervention de l'Espagne en 1861-65, n'avait jamais eu le loisir de satisfaire ses créanciers ; parmi ceux-ci, des Européens se plaignaient d'être sacrifiés à des Yankees ; quant aux porteurs de titres de la dette intérieure, leurs droits étaient cyniquement méconnus. Emu par cette anarchie, qui ouvrait la porte à toutes les surprises, M. Roosevelt dépêcha au président Morales, en 1905, un ami personnel, le capitaine Dillingham, chargé d'obtenir les garanties utiles d'une plus scrupuleuse administration. Moralès accepta de placer la République sous un véritable protectorat financier des États-Unis : ceux-ci contrôleraient les douanes, et représenteraient le gouvernement dominicain vis-à-vis de tous les créanciers étrangers…

Aucune protestation ne s'éleva en Europe contre ce sommaire anéantissement d'une souveraineté nationale ; sans doute à ce moment la transformation diplomatique esquissée par les traités anglo-français et hispano-français de 1904, l'aggravation des difficultés marocaines entre la France et l'Allemagne (visite de l'empereur Guillaume à Tanger, 30 mars 1905), retenaient-elles sur des objets plus proches l'attention des chancelleries. Mais le président rencontra des oppositions à Washington même, sur les bancs du Sénat. La haute assemblée voulait-elle marquer sa résolution d'être consultée en matière de politique étrangère ? Appréhendait-elle, du fait de l'initiative présidentielle, des complications internationales ? Toujours est-il qu'elle refusa son approbation au traité Dillingham-Moralès, auquel une nouvelle convention dut être substituée. Celle-ci, datée du 9 février 1907, confiait l'administration fiscale de la République Dominicaine non plus au gouvernement des États-Unis, mais à une banque nord-américaine, la firme Kuhn, Loeb et Cic ; les autorités de Washington se portaient cependant garants intéressés de ce contrat, puisqu'elles désigneraient les fonctionnaires des douanes, gage stipulé de l'assainissement financier, et donneraient obligatoirement leur avis sur tout projet de remaniement du tarif douanier, sur toute émission d'emprunt.

Une telle combinaison équivaut à faire procéder d'abord à la conquête économique par des groupes privés, auxquels est, plus ou moins explicitement, promis l'aval des pouvoirs publics ; jamais, avec plus d'ardeur que pendant les premières années du XXe siècle, les capitalistes yankees ne se jetèrent sur les pays de l'Amérique centrale et même méridionale. Nous n'aurons garde de nier que leur action ait été créatrice, largement bienfaisante par endroits ; mais elle s'est toujours affirmée par une étroite subordination des libertés locales, par des faits de colonisation tels que les États-Unis n'en auraient pas toléré, en Amérique, de la part d'une puissance européenne. Le cas le plus caractéristique, sur les côtes du golfe du Mexique, est celui de la Société *United Fruit*. Le littoral atlantique du Honduras, du Nicaragua, du Costa-Rica a été couvert, par cette Compagnie, de plantations de bananiers ; de vastes domaines défrichés, des chemins de fer, des ports, des services hebdomadaires de paquebots spécialement aménagés, tel est le bilan de l'œuvre accomplie. Mais cette activité est extérieure à l'existence nationale des Etats dont elle emprunte le territoire ; les administrateurs sont tous yankees ; les ouvriers sont, pour la plupart, des noirs de la Louisiane et des Antilles, l'anglais est la seule langue courante sur cette marge de pays où l'on parle normalement espagnol.

Henri Lorin

Dans les Républiques les plus avancées de l'Amérique australe, Argentine, Brésil, Chili, les hardiesses nord-américaines sont moins dominatrices, elles n'en rendent pas moins suspectes à beaucoup de citoyens indépendants les déclarations d'amitié qui partent des États-Unis. Le Brésil a été, pendant plusieurs années, la carrière de choix des spéculateurs groupés, suivant la méthode familière aux financiers de New York, en un trust aussi cohérent que diversement ramifié : en réalité, la Compagnie du Port de Para, celle du chemin de fer du Haut Madeira, les grandes sociétés d'élevage du Matto Grosso sont des filiales du groupe qui a entrepris, au Sud et à l'Ouest de Rio, l'unification des chemins de fer brésiliens ; il est connu sous le nom de *Brazil Railway Company*, ou encore de *trust Farquhar* (ainsi s'appelle son principal metteur en œuvre) ; l'épargne française a trop libéralement accordé son concours à ces affaires, où elle n'a trouvé ni les garanties financières désirables, ni la compensation d'un placement rémunérateur pour des produits nationaux.. Cette vaste entreprise, où il s'est dépensé beaucoup d'intelligence, était vue avec faveur par le président Roosevelt, qui y a engagé l'un de ses fils.

Les financiers des États-Unis contrôlent ainsi les organes de communication d'une grande partie du Brésil ; ils voudraient étendre leur commandement sur les routes internationales de l'Amérique méridionale, du Brésil vers la Bolivie, le Pérou, l'Equateur, le Paraguay, l'Uruguay, l'Argentine. Dans cette dernière République, des maisons de Chicago poursuivent l'accaparement méthodique des frigorifiques, dont la plupart, — appliquant des idées d'origine française, — étaient exploités jusqu'ici par des capitaux anglo-argentins ; ces manœuvres ont déjà déterminé, sur place, une hausse excessive des prix du bétail et une diminution correspondante du cheptel. L'objet immédiat de cette politique économique est d'anéantir des concurrences, afin de faire ensuite la loi aux consommateurs ; un objet plus lointain est l'assouplissement des marchés sud-américains aux convenances des États-Unis ; ainsi le Brésil, qui vend aux Yankees les deux tiers de son café et de son caoutchouc, n'est pas libre de leur refuser une détaxe sur leurs farines, au détriment des Républiques voisines, qui en fourniraient aussi bien ; il y eut de ce chef, en 1913, des conversations un peu vives entre Rio de Janeiro et Buenos Aires, mais le Brésil n'en a pas moins, par décret du 10 février 1914, prorogé ses faveur aux farines du Nord.

Ces poussées sur le terrain économique ne compromettent assurément pas l'autonomie de grandes nations telles que l'Argentine et le Brésil, mais créent aux États-Unis des intérêts tellement privilégiés et pour ainsi dire massifs, que le gouvernement de Washington, le cas échéant, aurait bien de la peine à n'accorder point à ses nationaux lésés le concours tout au moins d'une pression diplomatique ; il l'a fait voir, il y a peu d'années, par son âpreté à soutenir contre le Chili les revendications d'une firme Allsop sur des terrains à nitrates. Il agit avec moins de ménagements encore auprès des chancelleries plus faibles ou plus voisines de l'isthme de Panama. Son action récente au Mexique en est l'illustration significative. En Equateur, où l'organisation économique est à peine ébauchée, il était question en 1911 d'un grand emprunt contracté à New York, dont les douanes eussent été probablement le gage, et aussi l'archipel des îles Galapagos ; récemment, la découverte de gisemens de pétrole en Colombie a stimulé l'ingéniosité des influences yankees qui s'exercent à Bogota, et fait repousser diverses propositions de capitalistes européens.

On voit qu'il est chaque jour plus difficile de discerner, dans l'action nord-américaine en Amérique, ce qui est gouvernemental et ce qui demeure du domaine des initiatives individuelles. Le Sénat de Washington n'a-t-il pas été saisi, au printemps de 1914, d'un projet de loi affectant des croiseurs quelque peu démodés de la flotte de guerre à un service commercial entre les États-Unis et les ports de l'Amérique du Sud ? A la fin de mai 1914, on assurait, à Santiago du Chili, que cinq de ces bâtiments seraient, dès l'ouverture du canal de Panama, mis en ligne entre New York et Valparaiso ; ils effectueraient le trajet en douze jours. Evidemment, on s'étonnera en Europe de l'originalité d'un tel procédé, mais les Yankees répondraient qu'ils sont libres de faire de leurs vaisseaux ce qu'il leur plaît ; si cette manière d'amortir une escadre de guerre n'est point banale, elle n'a rien, à tout prendre, d'inamical pour personne. Les républiques latines en concluront que la « grande sœur » ne veut plus les traiter en quantités négligeables, et peut-être lui sauront-elles gré comme d'une politesse sympathique de ce qui sera surtout une habileté de négociant.

Henri Lorin

Il existe aux États-Unis une minorité de citoyens, instruits par des voyages et des études personnelles, qui apprécient exactement ce que vaut d'impopularité à leur pays l'exaltation d'un « monroïsme » sans nuances. Parmi ces observateurs d'élite, on cite les directeurs des Congrès panaméricains et du bureau des républiques américaines, à Washington ; l'un fut ambassadeur à Buenos Aires, et par le couramment l'espagnol ; tel autre, représentant des États-Unis en plusieurs capitales d'Europe, fut remarqué à la Conférence d'Algésiras. Le très actif et intelligent administrateur du bureau de Washington, M. John Barrett, a réuni sur l'Amérique Latine une si rare collection de documents qu'elle est consultée même par les nationaux les mieux informés des républiques du Sud ; il ne se fait pas d'illusions sur les erreurs d'une politique yankee agressive, ou seulement dédaigneuse. « Nous sommes en train, disait-il un jour, de nous rendre odieux ou suspects à tous nos voisins du continent. » Certainement des tournées, qui prennent des allures d'inspection, irritent les Sud-Américains, malgré toute la courtoisie des rites officiels ; des visites telles que celles du ministre Elihu Root, en 1906, du président Roosevelt en 1914, ne laissent pas que des souvenirs admiratifs ou reconnaissants, nous-même en avons recueilli de significatifs témoignages.

Pour réagir contre ces mécontentements, les discours bénisseurs des Congrès panaméricains ne suffiront bientôt plus. Sans aucun doute, le Brésil est sensible aux attentions dont les autorités nord-américaines entourèrent son ministre des Affaires étrangères, M. Lauro Muller ; sans doute l'Argentine est justement fière des termes dans lesquels M. John Barrett invitait le Dr Luis Drago à donner aux États-Unis une série de conférences. Mais des journaux indépendants commencent à élever la voix. *La Nación*, de Buenos Aires, insiste souvent sur l'égale dignité de toutes les républiques du continent américain ; le *Mercúrio*, de Santiago, déclarait en décembre dernier que, sur la médaille de la doctrine de Monroe, l'avers porte une devise tutélaire pour l'Amérique, et le revers des insignes impérialistes moins rassurants ; au Brésil, le *trust Farquhar* n'a plus, tant s'en faut, que des courtisans. Nul ne dispute aux États-Unis le droit de grandir au soleil, mais tous proclament que la doctrine de Monroe cesse d'être applicable à mesure que les peuples latins d'Amérique consolident plus énergiquement leurs nationalités ; souvent sont commentées les opinions de notables professeurs yankees que l'abus de cette doctrine, provoquant à des interventions sur des Etats débiles, retarde l'avènement de la désirable concorde panaméricaine.

Ces boutades isolées n'arrêtent pas le monroïsme intransigeant ; il ne trouverait d'obstacle que s'il s'en dressait contre lui ! sors d'Amérique ; mais c'est un danger que la guerre actuelle a pour longtemps écarté des États-Unis. Aussi bien, dès le début de 1914, Washington avait préparé ou déjà signé des conventions où l'arbitrage est imposé pour la solution des litiges à venir avec des Puissances d'Europe, l'Angleterre et la France. Nous verrions volontiers, quant à nous, qu'il y eut là le principe d'un rapprochement plus intime entre notre pays et la grande république américaine, où peut-être la majorité des citoyens ne se fait pas de la France une idée suffisamment critique. Mais, pareils à tous les autres peuples, nous avons des intérêts économiques à défendre, dont les fantaisies de la douane américaine, par exemple, ne paraissent guère se soucier ; sûr des questions de ce genre, la procédure arbitrale n'est-elle pas vraiment trop solennelle et disproportionnée ? Convient-il de dessaisir nos agents diplomatiques du soin de nous représenter avec vigilance et le moment est-il bien choisi, aujourd'hui que notre ministre aux États-Unis a rang d'ambassadeur, pour interposer, entre les autorités américaines et lui, un tribunal au travers duquel seront perdus beaucoup de temps et de forces vives ? Puis il faut relever que le texte des traités d'arbitrage exclut explicitement tout cas lié à une application de la doctrine de Monroe. En rendant hommage aux sentiments des chevaliers de l'arbitrage, on peut donc avancer que, pour les États-Unis, ces Conventions sont surtout des instruments politiques de précaution et de détente, des amortisseurs.

La diplomatie du dollar n'a jamais déployé autant d'adresse que pendant ces pourparlers apaisants avec l'Europe, pendant les voyages et les conférences académiques du président Roosevelt sur le vieux continent, pendant les travaux terminaux du canal de Panama. Petit à petit, toutes les républiques centre-américaines tombent sous la dépendance de leur grande voisine du Nord ; l'histoire récente de Saint-Domingue se répète en Honduras, en Nicaragua, en Costa-Rica ; à la fin de l'année 1913, c'était le tour du

Henri Lorin

Guatemala et du Salvador. La formule est maintenant, de plus en plus précise ; le traitement financier est confié à un groupe de banquiers yankees ; les créanciers étrangers s'en félicitent, acceptent volontiers une tutelle qui rend valeur à leurs titres. Mais l'administration des gages est laborieuse ; elle est l'occasion de perpétuels incidents, donc prête sans cesse à des interventions qui ne sont plus exclusivement financières ; le gouvernement de Washington brandit alors son gros bâton (*big stick*) au-dessus de la tête des frondeurs ; des marins débarquent pour protéger les bureaux des employés de banque ; le contrôle financier se mue insensiblement en protectorat.

Un spécialiste du droit international, le professeur G. Scelle, de Dijon, a particulièrement étudié cet avatar contemporain de la doctrine de Monroe ; ses observations, impartiales et précisés, méritent de faire autorité. En Honduras, vingt années de troubles civils avaient ruiné les habitants et découragé les étrangers, lorsque le président Davila résolut de recourir aux bons offices de la maison Pierpont Morgan (1909) ; de longs pourparlers aboutirent à un contrat financier (1911), en même temps qu'à une sorte d'arbitrage politique, prononcé par le président Taft, entre le général Davila et divers compétiteurs ; un emprunt de liquidation fut conclu ; il est gagé sur les sommes qui ont, comme de juste, passé sous le contrôle des banquiers émetteurs. A Saint-Domingue, le souvenir de 1907 n'a pas mis fin aux rivalités de coteries ; des émeutes ont éclaté en 1913 et, pour la garde des Douanes, des détachements de marins américains ont été mis à terre ; leurs chefs ne pourront se dérober au devoir d'assurer la police d'abord dans les ports et, de proche en proche, sollicités par les indigènes eux-mêmes, ils étendront leur autorité sur l'intérieur du pays. Les cours arbitrales, que les États-Unis pourraient saisir des litiges issus de ces incidents, sont toujours portées, plusieurs sentences l'ont déjà prouvé, à confier des pouvoirs discrétionnaires à ceux qui représentent l'ordre et la paix.

La rançon est la liberté politique, dont il est constant que les républiques centre-américaines n'ont fait trop souvent qu'un malheureux usage ; le cas du Nicaragua est, à cet égard, caractéristique. Le président Zelaya, certes, gouvernait durement, avec des allures de despote, et sans oublier de servir, semble-t-il, des rancunes personnelles ; il avait de plus, pour les Yankees, le tort d'encourager de préférence des capitalistes européens. Coupable de lèse-mon-roïsme, il vit surgir contre lui des adversaires soutenus par les trusts ; il dut céder la place au général Estrada, porte-parole d'un président tout dévoué aux États-Unis, Adolfo Diaz ; ce dernier passa un traité de protectorat financier (juin 1911), accorda aux prêteurs le contrôle des douanes et... la guerre civile continua. Le gouvernement de Washington prépara, pour y mettre fin, le texte d'une convention de protectorat politique ; il allait le faire signer, lorsque l'élection présidentielle porta au pouvoir les démocrates, avec M. Woodrow Wilson, et M. Bryan aux Affaires étrangères. Ces nouveaux venus seraient-ils moins impérialistes que leurs pré-décesseurs ? M. Bryan a repris le texte de l'administration Taft ; il offre au Nicaragua la tutelle amicale des États-Unis, qui recevront en échange une base navale dans la baie de Fonseca ; le Nicaragua s'engage aussi à n'accorder qu'aux États-Unis la construction d'un canal isthmique traversant son territoire et consultera ses protec-teurs pour toute concession à des étrangers...

Tous les Centre-Américains, cependant, ne cèdent pas si facile-ment. Les deux républiques les plus réfractaires aux empiétements des Yankees sont le Salvador et le Costa-Rica. Là, pour des raisons historiques et géographiques qu'il serait oiseux de développer ici, la race des premiers pionniers espagnols s'est conservée plus pure que dans le reste de l'isthme ; elle s'est même renforcée en incor-porant, sans en être profondément modifiée, quelques tribus in-diennes ; le Salvador possède une population relativement dense, où les petits propriétaires sont nombreux ; il en est de même dans Costa-Rica, du moins dans les provinces tempérées des plateaux et sur la côte accidentée du Pacifique ; le gouvernement de cette der-nière république est, depuis une trentaine d'années, le plus calme, le moins politicien de l'Amérique centrale ; pour un règlement de frontières avec sa nouvelle voisine de l'Est, la république de Pana-ma, il a obtenu que l'arbitre, qui était le président Loubet, fit droit à presque toutes ses demandes. En revanche, les États-Unis se mé-fient : en 1858, au lendemain de l'éviction du flibustier Walker, leur arbitrage fixait les limites entre Nicaragua et Costa-Rica de telle manière que celui-ci ne pût atteindre la rive droite des lacs et de la rivière San-Juan, route possible d'un canal islamique. Ils ont réus-si, depuis 1911, à s'emparer du contrôle financier, des travaux du

Henri Lorin

port atlantique de Limon et des principaux chemins de fer. Mais les Costa-Riciens ont protesté à Washington contre les récentes interventions militaires au Nicaragua et à Saint-Domingue, contre la cession projetée dans la baie de Fonseca, magnifique rade naturelle sur les bords de laquelle se touchent Honduras, Nicaragua et Salvador.

Qu'importent aux doctrinaires et aux trusteurs ces réclamations de la faiblesse ? L'Europe ne les entend pas ; aux États-Unis, quelques voix généreuses leur font écho, notamment au Sénat, mais la sagesse publique n'est pas assez affinée encore pour que les plus prévoyants des parlementaires soient écoutés. Les conventions passées avec le Nicaragua ont été sévèrement critiquées : les sénateurs Tillman et Rayner condamnent les interprétations financières de la doctrine de Monroe et dénoncent les dangers d'une politique qui fait des États-Unis les gendarmes des créanciers internationaux d'une partie de l'Amérique. A-t-on mesuré les répercussions politiques, militaires, de ces démarches impérialistes ? Est-il prudent, pour une administration qui aperçoit et qui redoute les dangers des trusts, de mettre ainsi son action extérieure au service d'intérêts impérieux, qui ne sont pas toujours exactement des intérêts nationaux ? Mais sans doute le moment n'est pas venu de ces méditations. Actuellement remis de la crise qui les atteignit en 1908, moins touchés encore que les pays d'Europe par la dépression qui suivit, servis par la guerre qui ensanglante l'Europe, les États-Unis s'épanouissent dans l'allégresse d'une période d'orgueil. Comment s'en étonner ? Ils sont une magnifique nation de cent millions d'habitants, entraînée par l'universelle pratique du *strenuous life* ; ils achèvent, à Panama, une œuvre de géants, une retouche de main d'homme à l'architecture de la planète ; aucune défaite, aucun avertissement même ne leur a suggéré le sens des limites qui s'imposent à toute croissance ; ils se demandent pourquoi la chaleureuse unanimité de toutes les Puissances civilisées ne ferait point cortège au triomphe qu'ils escomptent de leur Exposition de San-Francisco.

A l'apogée de cette courbe, ils ne voient plus le reste du monde ; ils prononcent un régime différentiel pour le transit par Panama ; le sénateur Lodge fait voter une motion de défiance contre les étrangers, qui est une sorte d'exaspération de la doctrine de

Monroe ; le président Wilson lui-même, dans un des premiers discours de sa magistrature, semble prendre a tâche de provoquer les capitalistes européens. Le canal de Panama, si l'on en croit les champions de l'impérialisme yankee, doit servir essentiellement des intérêts stratégiques nord-américains ; pour l'amiral Mahan, belliqueux théoricien du *Sea Power*, il est l'instrument irrésistible d'une prépondérance navale rayonnant tour à tour sur l'Atlantique et le Pacifique ; les États-Unis sont qualifiés, puisqu'ils en ont fait les frais, pour en disposer suivant ce qu'ils jugeront convenable. Ils le fortifieront et en défendront les abords ; ils l'aménageront en point d'appui de leur flotte de guerre, avec arsenaux, bassins de radoub, dépôts de charbon et de pétrole. Ils en régleront à leur gré l'usage commercial : un navire yankee allant, par le canal, de New-York à San-Francisco, peut être assimilé à un caboteur, qui n'a jamais quitté les eaux territoriales, il est donc naturel qu'il soit exempt des taxes qu'acquitteront, pour user du canal, les vapeurs au long cours. Mais vaut-il même la peine de donner des raisons pour justifier, entre navires américains et étrangers, une différence de traitement ? Les Chambres, s'inspirant des théories de l'amiral Mahan, ne l'avaient point pensé ; la franchise pour leurs nationaux leur avait paru un droit, qu'elles se bornaient à publier.

Le sénateur Lodge posa sans réticence une autre nouveauté : sur sa proposition, le Parlement adopta, en août 1912, une déclaration de principes : les États-Unis réprouvent toute installation d'un étranger non américain en un port quelconque du continent, d'où il pourrait menacer les communications ou la sécurité de l'Union. Cette rédaction est, à dessein probablement, très vague ; elle s'applique à la concession d'une station de combustible ou de télégraphie sans fil comme à l'aménagement d'un poste tout commercial, mais dont un ennemi pourrait tirer parti en cas de guerre. Elle était dirigée, dit-on, contre un projet mexicain, favorisant, sous prétexte de pêcheries, l'établissement de colonies japonaises sur le littoral du Pacifique ; mais elle visera tout aussi bien, le cas échéant, des concessions de mines, avec débouchés sur la mer, en Colombie ou en Equateur, des facilités de ravitaillement ou de radoub en un point quelconque de la mer des Antilles ; les colonies actuelles des Puissances étrangères sont respectées, mais qui garantit que, les circonstances devenant favorables, la motion Lodge ne serait

Henri Lorin

pas déclarée rétroactive ? Les États-Unis n'ont-ils pas repris, il y a quelques mois, les négociations pour l'achat des îles danoises que la persévérance de Copenhague avait fait échouer en 1902 ?

Quant au président Wilson, le discours qu'il prononça devant le Congrès commercial de Mobile, à la fin de 1913, élargissait la doctrine de Monroe au point qu'il consignait l'Amérique même aux capitaux de l'Europe ; il invitait les républiques latines à secouer ce joug financier, qui pourtant ne paraît pas les opprimer trop lourdement. Que seraient aujourd'hui les États sud-américains, si des fonds ne leur avaient été envoyés du vieux continent, très largement, d'Angleterre d'abord, de France ensuite ? Pendant tout le XIXe siècle, telle a été l'histoire de l'Argentine, de l'Uruguay, du Chili, du Brésil ; les emprunts -nationaux, provinciaux, municipaux ont été souscrits surtout en France ; les Anglais ont eu l'adresse de se réserver les meilleurs chemins de fer, les principaux réseaux argentins, le *Sao Paulo Railway*. Alors les États-Unis ne songeaient qu'à leur développement domestique et n'engageaient guère leur épargne au dehors. Tout au plus commençaient-ils à déborder sur les terres contiguës à leur frontière méridionale, Mexique et Amérique Centrale, où ils entraient en concurrence avec les bailleurs de fonds d'Occident. Tant de liens ont été noués pendant près de cent ans, entre les deux rives de l'Atlantique, qu'une exclusive de Washington ne suffira pas à les briser.

Bien mieux : les Sud-Américains n'ont pas été, jusqu'ici, bien préparés à s'orienter différemment pour l'avenir. L'allure hautaine des *trusters* yankees ne les séduit guère ; il y a, dans la manière de ces capitaines d'affaires, quelque chose de méprisant qui irrite des Latins, très susceptibles, justement persuadés qu'ils méritent mieux ; les capitaux européens, moins solidaires, plus indépendants des gouvernements, n'agissent point par rafales, comme une artillerie conquérante ; ils sont entre eux concurrents et se font contrepoids les uns aux autres. Ainsi la substitution que le président Wilson proposa ne rallierait certainement pas la majorité des Sud-Américains ; il est vrai que les banquiers yankees excellent à faire travailler le capital que lui confient de trop complaisants souscripteurs européens, de sorte que l'une des sources resterait la même, si la canalisation était quelque peu déviée, mais on ne voit pas ce que prêteurs et emprunteurs gagneraient à rémunérer cet intermédiaire. M. Wilson, adversaire résolu de la féodalité des trusts, ne s'inquiète pourtant pas, en desservant l'Europe, d'aider les puissances financières qu'il déclare vouloir combattre dans son pays ; à moins qu'il n'estime que, pour les détruire aux États-Unis, le moyen le plus sûr est de les exporter ; la doctrine de Monroe, telle que la comprennent même les loyaux démocrates de Washington, allait devenir une sorte de décret nominatif de la Providence, signifiant pour l'Union américaine le devoir d'assurer à tout un continent le bienfait de sa domination.

Cependant l'heure parait proche où l'esprit des Yankees va s'ouvrir à la nouvelle évidence ; leur impérialisme pourrait bien avoir trouvé au Mexique son chemin de Damas ; la guerre européenne et l'espoir des avantages qu'ils en retireront, achèvent de les éclairer. Les affaires engagées au Mexique par les États-Unis représentent trois cinquièmes des importations mexicaines, et quatre cinquièmes des exportations ; on évalue à cinq milliards de francs le montant des capitaux nord-américains qui ont été placés dans la république voisine ; assurément, une telle somme d'intérêts invite les États-Unis à ne pas tolérer qu'un régime anarchique compromette leurs entreprises, mais la question reste ouverte de savoir s'ils avaient pris au début le meilleur moyen de réformer cette anarchie. Porfirio Diaz, naguère, encourut l'hostilité de Washington parce qu'il ne voulait pas, non plus que son ministre des Finances Limantour, asservir toute l'activité économique de son pays à des directions exclusivement yankees. Par sa propre valeur, il avait fait régner la tranquillité dans tout le Mexique ; les hommes d'affaires, quelle que fût leur nationalité, s'en félicitaient tous ; mais dans la république même, son autorité absolue suscita des mécontentements. Fut-il très habile, de la part de quelques *trusters* yankees, d'aviver ces mésintelligences et, pratiquement, de pousser à la révolution ? Sans doute n'avaient-ils pas mesuré jusqu'où irait le mouvement imprudemment déclenché.

Où en est, en effet, la situation au milieu de 1915 ? Après les quelques mois agités de la présidence Madero, le général Huerta s'était emparé du pouvoir, soldat de carrière, issu d'une modeste famille indienne, à qui ses adversaires eux-mêmes ne contestaient ni l'intelligence ni la bravoure. Un parti, puissant surtout dans les provinces du Nord, le combattit ; ces *constitutionnalistes* se réclamaient des principes parlementaires, contre un président qui s'était élevé par la force et ne se piqua jamais de gouverner suivant les formules parlementaires. Malgré les origines de son gouvernement, Huerta escomptait, lors de l'élection du président Wilson, qu'il serait reconnu par les États-Unis ; l'ambassadeur de Washington à Mexico, M. Henry Lane Wilson, en donnait ouvertement le conseil, en dépit des meneurs de la campagne favorable aux constitutionnalistes ; le président des États-Unis récompensa par un rappel cette indépendance de caractère ; mais l'« agent confidentiel » qu'il envoya pour remplacer Henry L. Wilson ne sut rien obtenir de Huerta. De démarche en démarche, les États-Unis glissèrent sur le sentier de la guerre ; leur altitude encouragea les ennemis de Huerta, qui finirent par gagner des avantages militaires importants, mais qui ne se sont pas distingués par un respect scrupuleux de la propriété privée, même étrangère.

Au blocus financier, décrété contre lui, Huerta répondit par la suspension du service de la Dette extérieure ; bien que la plupart des porteurs de ces titres soient en Europe, des intérêts nord-américains engagés au Mexique ne sont-ils pas atteints indirectement par cette décision ? Le président Wilson s'obstine ; il assure qu'il en veut à Huerta seul, estimant que la « moralité est le principe qui doit le guider, » et que le maintien au pouvoir d'un général arrivé par la violence est un fait intolérable d'immoralité ; il entend mériter le titre que lui a décerné le général constitutionnaliste Villa, de « meilleur ami du peuple américain ; » il proteste contre l'idée que les événements du Mexique pourraient valoir aux États-Unis un agrandissement territorial quelconque ; il tient avant tout à la paix… Cependant le commerce des armes, frappé d'embargo en mars 1912 par le président Taft, est de nouveau déclaré libre (février 1914) ; sur un incident minime, survenu à Tampico, et pour lequel Huerta offrait des excuses, l'amiral Fletcher occupe Vera Cruz (avril) ; les Chambres américaines, la veille de cette démonstration militaire, avaient accordé au président Wilson le droit de recourir à la force, s'il le jugeait nécessaire.

Pour les témoins impartiaux et de sang-froid, la politique de Washington au Mexique a manqué de clairvoyance ; la doctrine de Monroe prescrit-elle d'imposer à tout le continent l'ordre

nord-américain, il faut alors que la nation en ait les moyens maté-
riels, qu'elle soit avertie des frais dans lesquels elle s'aventure, des
risques de tous genres qu'elle va courir. Déchiré par la guerre civile, appauvri et couvert de ruines, le Mexique accepterait-il un
gouvernement vassal de celui de Washington ? Si, sur la menace
d'une intervention yankee ; un tel gouvernement se constituait,
serait-il durable ? Aurait-il une autorité suffisante pour rétablir la
tranquillité civile dans toutes les provinces ? La protection, plus
ou moins clandestine, des États-Unis n'a pas porté bonheur aux
constitutionnalistes : Huerta et ses amis ont bien abandonné le
pouvoir et quitté Mexico ; le chef de leurs adversaires, Carranza,
est entré dans la capitale (15 août) ; mais le voici brouillé avec son
lieutenant Villa ; le meneur d'une sorte de jacquerie, Zapata, se
maintient indépendant dans les provinces méridionales ; d'autres
chefs de bandes surgissent de tous côtés ; confiscations et mises
hors la loi se croisent ; jamais l'anarchie mexicaine ne fut plus pro-
fonde ; quel homme de caractère aura la force, — ou la chance, —
de rendre un peu de calme à ce malheureux pays ?

Entre temps, la guerre européenne a éclaté. Mais les États-Unis
n'avaient pas attendu cet avertissement pour s'apercevoir qu'ils
étaient mal engagés ; le réalisme des gens d'affaires l'emportant sur
les utopies des doctrinaires, le gouvernement marquait son inten-
tion de se recueillir, sinon de reculer. Le 19 février 1914, le sénateur Lodge, « soucieux du bon renom des États-Unis, » demande
au président de renoncer à l'exemption des péages pour les navires
yankees empruntant le canal de Panama ; le 31 mars suivant, à la
forte majorité de 248 voix contre 162, la Chambre des représentants abolit, en effet, cette exemption. Quelques jours plus tard,
les États-Unis liquident par une transaction le litige pendant avec
la Colombie depuis la sécession de Panama, en 1903 ; ils paieront
une indemnité et admettront, pour les navires colombiens, un
droit spécial d'usage du canal isthmique ; il est possible que, dans
quelques semaines, on annonce une rectification de la frontière
nord-occidentale de la Colombie, qui viendrait immédiatement
toucher la bande nord-américaine du canal ; la république de Panama, qui ferait les frais de ce *readjustement*, n'a pas, on le sait,
grand'chose à refuser à son puissant protecteur. D'autre part, les
États-Unis sont en voie d'entre-bâiller leurs tarifs, férocement pro-

tectionnistes : il ne leur est plus indifférent, croirait-on, de sentir trop de méfiance autour d'eux.

Pour s'évader honorablement du guêpier mexicain, ils ont de grand cœur accepté, d'aucuns disent qu'ils ont provoqué, une médiation sud-américaine. A la fin du printemps de 1914, les ministres accrédités à Washington par l'Argentine, le Brésil et le Chili, offrirent amicalement de rechercher une transaction entre les Mexicains et les États-Unis ; bientôt après, une conférence se réunissait à Niagara-Falls, où très vite il apparut que les monroïstes les plus intransigeants ne cherchaient qu'un moyen de se dégager ; le 25 juin 1914, les médiateurs obtenaient des États-Unis la déclaration qu'ils renonçaient à réclamer du Mexique aucune indemnité pour les incidents qui avaient provoqué leur intervention, et qu'ils laisseraient les Mexicains eux-mêmes régler entre eux leurs affaires domestiques ; on espérait alors qu'une entente n'était pas impossible entre les partisans de Hucrta et les constitutionnalistes de Carranza. Cet espoir, nous l'avons dit, fut trompé, la réunion projetée à Washington entre les représentants des divers partis mexicains n'a jamais été complète. Mais les États-Unis ont pu, sans paraître céder à des considérations militaires, retirer leurs marins de la Vera Cruz (automne de 1914) ; leurs troupes veillent sur la frontière mexicaine du Nord ; de là, en cas d'urgence, elles pourraient occuper les districts pétrolifères qui confinent au Texas et les mines de la Sonora, près du golfe de Californie ; si l'impéritie des Mexicains à rétablir la paix chez eux s'affirme incurable, les Puissances médiatrices de Niagara-Falls verront sans hostilité ces annexions.

Ce n'est certes pas, aujourd'hui, l'Europe qui interviendra. Aussi la question mexicaine s'est-elle aujourd'hui déplacée, ou, pour mieux dire, agrandie ; l'obligatoire abstention des Puissances occidentales accuse l'importance du rapprochement qui vient d'apparaître entre les grandes républiques de l'Amérique méridionale et les États-Unis ; les plus avancées des nations sud-américaines prennent conscience de leur rôle international ; par elles, la doctrine de Monroe, qui était une déclaration unilatérale, tend à devenir une équation, c'est-à-dire à rassembler des termes égaux. En un livre récent et généreux, dont les conclusions planent au-dessus des médiocrités humaines, un ancien ministre brésilien, M. Alberto Torrès, étudie *Le problème mondial* ; s'il voit justement un danger, pour l'avenir des républiques américaines, dans le caractère par trop matérialiste de leur progrès, il se berce d'une illusion lorsqu'il imagine la doctrine de Monroe, purement idéaliste, qualifiée pour diriger la politique panaméricaine au nom de « l'irrésistible fatalité du bien. » Cette doctrine n'était plus, dans les dernières années, qu'une formule de l'impérialisme, autrement dit du recours à la force. Mais sans doute est-il temps pour les États-Unis, qui n'avaient encore que la flotte de cette politique, de réfléchir et de s'épargner les soucis d'une armée continentale ; ainsi corrigeront-ils leurs doctrines, ou du moins leurs pratiques.

La médiation de Niagara fut, pour les monroïstes, la précieuse occasion d'un examen de conscience. La presse sud-américaine a été unanime à célébrer comme un double triomphe l'union efficace des trois Puissances associées et la reconnaissance implicite par les États-Unis qu'ils ne sont pas les seuls qui comptent sur le nouveau continent ; tel fut, au lendemain de l'acte du 25 juin, le thème commun du vornal de Commercio *de Rio, de* la Nación, *de Buenos Aires, du* Mercúrio *de Santiago. Ces articles ont fait réfléchir les dirigeants de Washington et dégagé l'idée que la doctrine de Monroe, telle que l'exprimait l'intervention au Mexique, conduisait à des aventures ; des indications, récentes et concordantes, furent dès lors mieux comprises : dans un recueil de lettres dernièrement publiées, le président argentin Saenz Peña, qui vient de mourir, dénonçait les interprétations par trop élastiques de la « doctrine caoutchouc ; » le professeur brésilien Sá Vianna, donnant des conférences à Buenos Aires au début de 1914, estimait ces prétentions autoritaires attentatoires à la dignité de l'Europe et de l'Amérique latine ; à Santiago du Chili, des étudiants grommelaient sur le passage du président Roosevelt, tandis que le* Mercúrio *discutait sans bienveillance les conceptions économiques de M. Farquhar ; à Montevideo, une foule hostile manifesta, lors de l'occupation de Vera Cruz par l'amiral Fletchcr. En 1913, Argentine, Brésil et Chili, l'A. B. C., dit-on là-bas, du nouvel alphabet diplomatique sud-américain, avaient refusé de se joindre aux États-Unis pour exercer une pression diplomatique sur le Mexique.*

Les États-Unis ne s'obstinent pas ; pendant que l'Europe est paralysée, il leur est plus expédient de resserrer leur amitié avec les grandes républiques latines que d'exaspérer les anciens malentendus : la Nouvelle-Orléans devient, pour le Brésil, l'entrepôt fournisseur des huiles, charbons, denrées alimentaires qui, naguère, venaient d'Europe ; la République Argentine élève au rang d'ambassade sa légation de Washington (août 1914). M. Bryan, ministre des Affaires étrangères, signe avec chacune des trois Puissances médiatrices de Niagara des conventions qui soumettent à l'arbitrage les différends qui pourraient désormais surgir entre elles et les États-Unis (fin juillet) ; le président Wilson n'en a que plus d'autorité, lorsqu'il propose aux belligérants d'Europe, dès le 5 août, ses bons offices pour le moment où ils jugeront convenable d'y recourir. Cependant, l'Union panaméricaine multiplie ses enquêtes et ses appels en vue de l'association économique de toutes les nations d'Amérique, « sans vouloir empiéter sur les droits de quiconque, écrit M. John Barrett, mais avec la résolution de rechercher tous les avantages légitimes ; » elle dresse l'inventaire des compagnies locales de navigation qui pourraient assurer des relations uniquement américaines, le Lloyd brésilien, la Société argentine Mihanovitch, la chilienne Sud-Americana de Vapores, la Peruvian Stearn Ship Co ; des missions yankees d'industriels, de commerçants, d'universitaires parcourent l'Amérique latine ; des banques de New York ouvrent des succursales à Buenos Aires, Rio de Janeiro, Valparaiso ; une assemblée de financiers des deux continents américains se réunit a Washington (mai 1915). La session du Congrès panaméricain de 1914, remise à 1915, traitera pendant l'Exposition de San-Francisco des questions de douanes, de navigation, d'échanges postaux ; les Congressistes tiendront vraisemblablement quelques séances à Panama et seront invités à des fêtes célébrant l'inauguration du canal.

Témoin nécessairement distrait, l'Europe enregistre ces faits qu'elle remarque à peine. Cependant, la France et l'Angleterre ont su témoigner à temps qu'elles n'en prenaient point ombrage : ayant à se plaindre des facilités de ravitaillement et de communication télégraphique accordées à leurs adversaires par l'Equateur et la Colombie, elles ont prié Washington de rappeler courtoisement ces républiques au respect d'une stricte neutralité. Les États-Unis ont répondu, sans vouloir s'engager à faire eux-mêmes la police de tout le nouveau continent, que la doctrine de Monroe ne s'opposait pas à un débarquement provisoire de marins venant détruire des stations de télégraphie sans fil ; ils n'ont pas rejeté une proposition, dont le principe fut bien accueilli par les associés de la Triple-Entente, à l'effet de neutraliser et d'interdire a tous navires de guerre des belligérant une zone de deux cents milles au large de toutes les côtes américaines. En revanche, l'attitude, de l'Allemagne est de plus en plus critiquée ; l'ambassadeur de Guillaume II à Washington dut multiplier les démarches, pour rattraper une parole trop franche, que « la doctrine de Monroe n'empêcherait pas les Allemands de débarquer au Canada, s'ils le voulaient ; les Yankees lisent avec dédain les articles insolents de la *Gazette de Cologne*, menaçant les États-Unis de représailles après la guerre, s'ils entravent le libre commerce du pétrole avec les ports allemands ; les pirateries de sous-marins, le torpillage des paquebots qui portaient des passagers neutres ont écœuré les derniers germanophiles ; aussi bien le produit *Made in Germany* est-il le plus visé par la concurrence yankee en voie d'organisation dans l'Amérique Latine ; il sera de moins en moins défendu par des sympathies que les Allemands, là même où ils s'étaient imposés, n'avaient su se concilier nulle part.

Ainsi sous nos yeux la doctrine de Mouroe tend à se faire moins politique, pour se développer de préférence sur le terrain économique. Politiquement, elle avait grandi d'abord jusqu'à la limite au-delà de laquelle elle se fût condamnée par ses propres excès ; les circonstances présentes lui permettent d'accomplir sans dommage une sorte de mue. Réduite à des revendications économiques, elle n'en doit pas moins préoccuper l'Europe, même les Puissances vers lesquelles semble s'orienter aujourd'hui l'amitié des républiques du Sud en même temps que de celle du Nord. La visite du chancelier brésilien Lauro Muller en Uruguay, Argentine et Chili (printemps de 1915) a, très heureusement, rapproché les premières ; elles viennent de signer une convention générale d'arbitrage, que le président Wilson a saluée d'un chaleureux télégramme de félicitations ; peut-être le jour n'est-il pas éloigné où l'accord, impossible en 1913, sera naturellement conclu, et associera les États-Unis et l'A. B. C. pour restaurer l'ordre au Mexique. L'initiative des Latins, devenus les conseillers amicaux des Yankees au cours d'une épreuve délicate, a ouvert une période de l'histoire de la civilisation, en ébauchant la transformation du monroïsme ; d'une hégémonie en une harmonie ; encore convient-il que les vieilles

Henri Lorin

Puissances ne soient pas, demain plus qu'hier, consignées à l'écart du nouveau continent ; l'expérience, qu'elles ont durement acquise au fil des siècles, fait d'elle des aînées dont la jeune Amérique ne s'isolerait pas sans péril pour sa formation intellectuelle, ni même pour son progrès matériel. Il faut à la cadette de l'ancien monde, pour mesurer toute sa chance, qu'elle sache remplacer la devise exclusive et périmée de 1823 par celle que le président Saenz Peña, dans un Congrès international, osa lui opposer naguère : l'Amérique à l'humanité.

ISBN : 978-1977855725

www.ingramcontent.com/pod-product-compliance
Lightning Source LLC
Chambersburg PA
CBHW070752260726
48660CB00007B/3087